Für ....

Zur Erinnerung an deine Erstkommunion

am ....

Von ....

Meine Erstkommunion

Erinnerungsalbum

Gestaltet von Irmi Riedl

HERDER

FREIBURG · BASEL · WIEN

Das bin ich

Ich heiße .... und wohne in ....

Am .... habe ich Geburtstag. Heute bin ich .... Jahre alt.

Ich bin .... cm groß und habe .... Augen und .... Haare.

Das kann
ich richtig gut:

Das finden meine Freunde und
Freundinnen und meine Familie
toll an mir:

....

....

....

....

....

Das kann ich überhaupt nicht leiden: ....

....

Hier ist Platz für
ein Foto von dir.

Ich danke dir, dass ich so staunenswert und wunderbar gestaltet bin.
Ich weiß es genau: Wunderbar sind deine Werke.

Psalm 139,14

Lieblingsdinge

Mein Lieblingstier:

Mein Lieblingsfilm:

Meine Leibspeise:

Meine Lieblingsfarbe:

Meine Lieblingsserie:

Mein Lieblingsbuch:

Mein Lieblingsstar:

Mein Lieblingslied:

Meine liebste
Freizeitbeschäftigung:

Meine Lieblingsband:

Meine
Mag-ich-Liste
zum Ankreuzen und Ergänzen:

- ☐ Oma und Opa besuchen
- ☐ Fahrrad fahren
- ☐ Räder schlagen
- ☐ Gummibären naschen
- ☐ PlayStation spielen
- ☐ Schneemann bauen
- ☐ Schlangen
- ☐ Sonnenblumen
- ☐ Löcher graben
- ☐ Katzen
- ☐ Toben
- ☐ Barfuß laufen
- ☐ Fotografieren
- ☐ Dinos

- ☐ Fußball spielen
- ☐ Muscheln suchen
- ☐ Gekitzelt werden
- ☐ Meine Freunde
- ☐ Pferde
- ☐ Stöcke sammeln
- ☐ Witze erzählen
- ☐ Matschfüße
- ☐ Lesen
- ☐ Wettrennen
- ☐ Schokolade
- ☐ Sommersonne
- ☐ Gummitwist hüpfen
- ☐ Backen

- ☐ Nackte Nudeln futtern
- ☐ Hunde
- ☐ Eis schlecken
- ☐ Geschichten lauschen
- ☐ Kichern
- ☐ Zelten
- ☐ In Pfützen hüpfen
- ☐ ....
- ☐ ....
- ☐ ....
- ☐ ....
- ☐ ....

Das sind meine
Wünsche und Ziele für mein Leben

Hier ist Platz zum Schreiben, Kritzeln, Einkleben ...

Gott, der fantasievolle Erfinder des Lebens,
der dich und die Welt geschaffen hat,
genau wie alle Wege bis in den hintersten Winkel des Universums –
er begleite dich auf Schritt und Tritt.

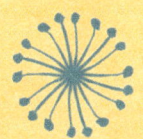

Gott, die geduldige Mutter aller Geschöpfe,
für die du immer ihr geliebtes Kind bleibst,
ganz gleich, wohin du dich wendest und wie alt du wirst –
sie lege achtsam und wärmend ihre schützenden Arme um dich.

Gott, das Wasser der Klarheit und Lebendigkeit,
das im ewigen Kreislauf die Schöpfung durchfließt,
dich nährt und deinen Durst stillen will –
es trage dein Lebensschiff sicher über alle sieben Weltmeere.

So reise fröhlich durch dieses Leben,
wunderbar geschaffen,
geachtet und geliebt
und getragen von Gottes unergründlicher Weisheit und Güte!

Frank Hartmann

Meine Familie

Ich

Hier ist Platz für Fotos deiner Familie. Du kannst beliebig viele Familienmitglieder ergänzen.

Wie heißen deine Eltern und Großeltern? Hier ist Platz für ihre Namen.

....

....

....

....

Außerdem gehören zu meiner Familie noch:

....

....

....

....

....

....

DU BIST EIN ORIGINAL – UNVERWECHSELBAR UND EINMALIG! NIEMAND SIEHT SO AUS WIE DU! DEIN GESICHT IST UNVERKENNBAR. GEHE IN DER GEWISSHEIT, DASS DU EINMALIG UND UNENDLICH WERTVOLL BIST. DU BIST EIN ORIGINAL – UNVERWECHSELBAR UND EINMALIG! NIEMAND DENKT SO WIE DU! MANCHE DENKEN ÄHNLICH, ABER DOCH GANZ ANDERS. GEHE IN DER GEWISSHEIT, DASS DEINE GEDANKEN NUR DIR GEHÖREN. DU BIST EIN ORIGINAL – UNVERWECHSELBAR UND EINMALIG! NIEMAND SPRICHT SO WIE DU! DEINE STIMME IST EINMALIG IN DER WELT. GEHE IN DER GEWISSHEIT, DASS NUR DEINE STIMME ZÄHLT. DU BIST EIN ORIGINAL – UNVERWECHSELBAR UND EINMALIG! NIEMAND HANDELT SO WIE DU! DEIN FINGERABDRUCK UND DEINE HANDSCHRIFT SIND EINMALIG. GEHE IN DER GEWISSHEIT: DU BIST EIN UNVERWECHSELBARES ORIGINAL, GESCHENK GOTTES!

Petra Focke/Hermann Josef Lücker

Wie sieht dein Fingerabdruck aus?
Hier ist Platz für den Abdruck eines Fingers
oder deiner ganzen Hand.

Schule und Freunde

Ich gehe in die Klasse  der _____ -Schule

in _____

Meine Lieblingslehrerin/
mein Lieblingslehrer heißt _____

Mein Lieblingsfach ist _____

Dieses Fach mag ich gar nicht: _____

Das sind meine Freundinnen und Freunde:

_____

Jesus aber rief die Kinder
zu sich und sagte:
Lasst die Kinder zu mir kommen
und hindert sie nicht daran!
Denn solchen wie ihnen
gehört das Reich Gottes.

Lukas 18,16

Meine TAUFE

Meine Taufe war am .... in ....

in der Kirche ....

Ich wurde auf den Namen .... getauft.

Meine Taufpatin/mein Taufpate ist: ....

Mein Name bedeutet ....

Meine Namenspatronin/mein Namenspatron ist ....

Am .... habe ich Namenstag.

Das Glaubensbekenntnis

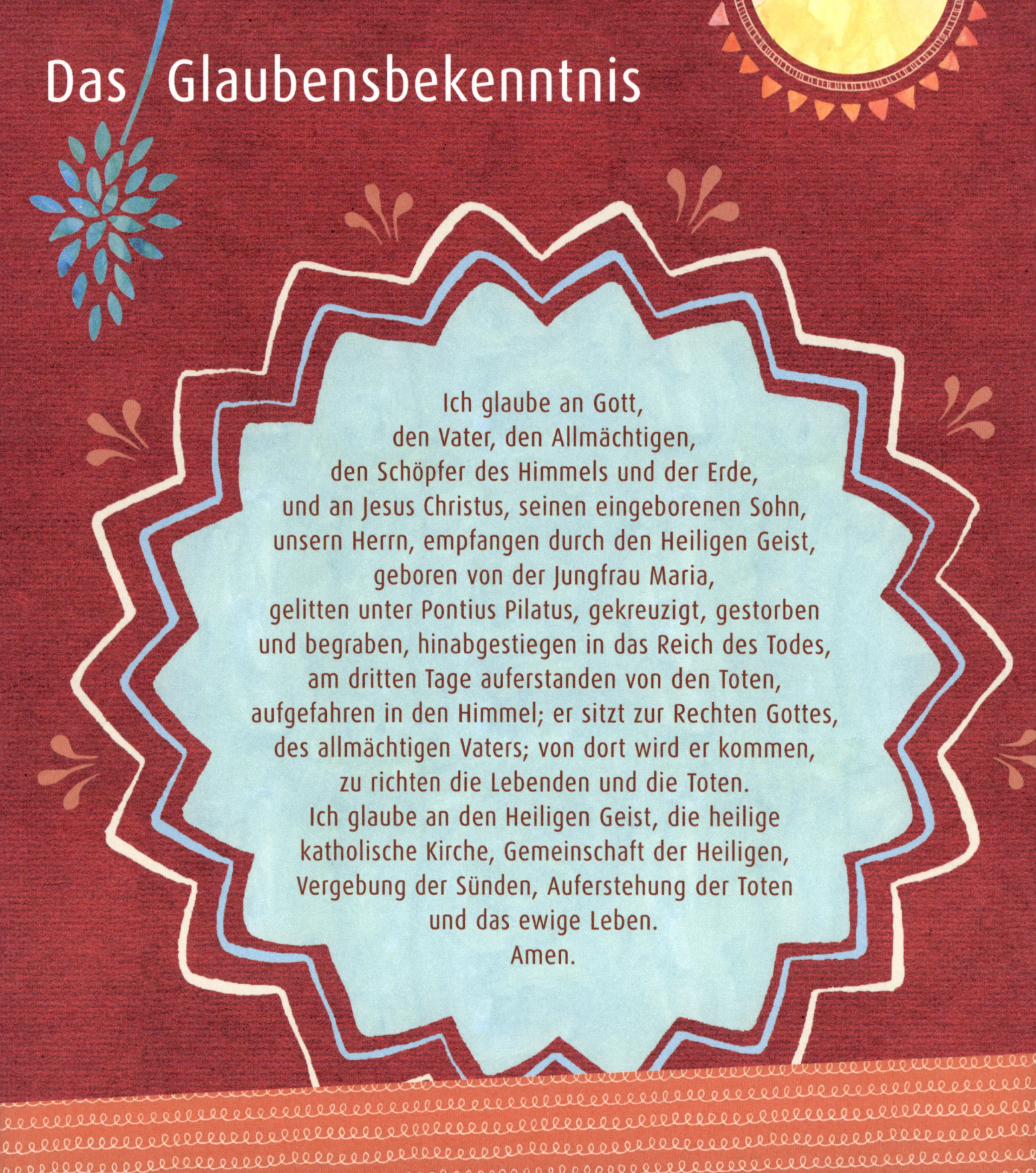

Ich glaube an Gott,
den Vater, den Allmächtigen,
den Schöpfer des Himmels und der Erde,
und an Jesus Christus, seinen eingeborenen Sohn,
unsern Herrn, empfangen durch den Heiligen Geist,
geboren von der Jungfrau Maria,
gelitten unter Pontius Pilatus, gekreuzigt, gestorben
und begraben, hinabgestiegen in das Reich des Todes,
am dritten Tage auferstanden von den Toten,
aufgefahren in den Himmel; er sitzt zur Rechten Gottes,
des allmächtigen Vaters; von dort wird er kommen,
zu richten die Lebenden und die Toten.
Ich glaube an den Heiligen Geist, die heilige
katholische Kirche, Gemeinschaft der Heiligen,
Vergebung der Sünden, Auferstehung der Toten
und das ewige Leben.
Amen.

Liebe umgebe dich
wie Luft, die du atmest.
Fröhlichkeit bewege dich
wie Wind ein Segelschiff.
Und Vertrauen leite dich
sicher durch jeden Sturm.

Frank Hartmann

Meine Erstkommuniongruppe

In der Erstkommuniongruppe haben wir uns auf das große Fest vorbereitet.

Immer am .... haben wir uns getroffen.

Meine Erstkommuniongruppe wurde geleitet von ....

Folgende Kinder gehörten zu meiner Gruppe:

....

....

....

....

Falls deine Vorbereitungszeit ganz anders war, überklebe diese Seite einfach mit einem Blatt Papier und schreibe oder klebe auf, woran du dich gerne zurückerinnern möchtest.

Hier ist Platz für ein Foto
deiner Erstkommuniongruppe
oder ein anderes Andenken
an eure gemeinsame Zeit.

Denn wo zwei
oder drei in meinem
Namen versammelt sind,
da bin ich mitten
unter ihnen.

Matthäus 18,20

Meine
Erstkommunionvorbereitung

In der Vorbereitungszeit auf die Erstkommunion haben wir viel Neues erfahren. Wir haben Geschichten aus der Bibel gehört, gemeinsam gebetet und gesungen und über unseren Glauben gesprochen.

Diese Geschichte aus der Bibel gefällt mir am besten:

....

Am liebsten habe ich folgendes Lied gesungen:

....

Dieses Erlebnis während der Vorbereitungszeit war besonders schön:

....

....

....

Hier ist Platz für ein Lied, ein Gebet oder
eine Geschichte, das oder die dich an
deine Erstkommunionvorbereitung erinnert.

....

....

....

....

....

....

....

....

....

....

....

Ich bin das Licht der Welt.
Wer mir nachfolgt, wird nicht in der
Finsternis umhergehen, sondern wird
das Licht des Lebens haben.

Johannes 8,12

Meine
Erstkommunionkerze

In meiner Vorbereitungszeit habe ich viele
christliche Symbole und ihre Bedeutung kennengelernt.

Auf meiner Erstkommunionkerze sind folgende Symbole zu sehen:

....

....

Dieses Symbol gefällt mir am besten:

....

Wie sieht deine
Erstkommunionkerze aus?
Hier ist Platz für ein Bild – egal
ob fotografiert oder gezeichnet.

Der Gottesdienst

Der Tag meiner Erstkommunion war ein ganz besonderer Festtag. Familie, Verwandte, Freunde und Freundinnen und die ganze Gemeinde haben mit mir und den anderen Erstkommunionkindern den Gottesdienst gefeiert.

Der Gottesdienst fand am .... um .... Uhr

in der Kirche ....

in .... statt.

Gehalten hat den Festgottesdienst Pfarrer ....

Besonders toll fand ich: ....

....

....

Dies ist der Tag,
den der Herr gemacht hat;
wir wollen jubeln
und uns über ihn freuen.

Psalm 118,24

Hier ist Platz für das
Liedblatt oder ein
anderes Andenken an
den Gottesdienst.

Das
Vaterunser

Vater unser im Himmel,
geheiligt werde dein Name.
Dein Reich komme.
Dein Wille geschehe, wie im Himmel so auf Erden.
Unser tägliches Brot gib uns heute.
Und vergib uns unsere Schuld,
wie auch wir vergeben unsern Schuldigern.
Und führe uns nicht in Versuchung,
sondern erlöse uns von dem Bösen.
Denn dein ist das Reich und die Kraft
und die Herrlichkeit in Ewigkeit.
Amen.

Brot und Wein

Während des Mahls nahm Jesus das Brot und sprach den Lobpreis;
dann brach er das Brot, reichte es den Jüngern und sagte:
Nehmt und esst; das ist mein Leib.
Dann nahm er den Kelch, sprach das Dankgebet,
gab ihn den Jüngern und sagte:
Trinkt alle daraus; das ist mein Blut des Bundes,
das für viele vergossen wird zur Vergebung der Sünden.

Matthäus 26,26-28

Brot und Wein schenkt Jesus mir.
Liebe und Segen sind sein Geschenk an mich.
Ich darf sie annehmen.
Mit offenen Händen und einem offenen Herzen.

Kerstin und Marcus C. Leitschuh

Mein Festtag

Nach dem festlichen Gottesdienst haben viele liebe Menschen den großen Tag mit mir gefeiert.

Das waren meine Gäste:

....

....

....

....

Hier haben wir gefeiert:

....

....

Zu essen gab es:

Hier kannst du die Menükarte oder dein Tischkärtchen einkleben.

Das wünschen dir

deine Familie,
deine Patin/dein Pate
und deine Gäste zu
deiner Erstkommunion:

Der Herr segne dich
und behüte dich.
Der Herr lasse sein Angesicht über
dich leuchten und sei dir gnädig.
Der Herr wende sein Angesicht dir zu
und schenke dir Frieden.

Numeri 6,24-26

Hier ist Platz für Fotos und Erinnerungen
an deinen großen Tag.

Hier ist noch mehr Platz für Fotos und Erinnerungen an deinen großen Tag.

Hier ist noch mehr Platz für Fotos und Erinnerungen an deinen großen Tag.

 Meine Geschenke

Zu meiner Erstkommunion habe ich schöne Geschenke bekommen.

Das sind alle meine Geschenke:

....

....

....

Am meisten gefreut habe ich mich über:

....

....

So habe ich mich für die Geschenke und
Glückwünsche zu meiner Erstkommunion bedankt:

Hier ist Platz für deine
Danksagungskarte,
Anzeige oder …

Heute könnte ich platzen
vor Freude,
lieber Gott.
Heute stimmt einfach alles.
Danke, lieber Gott,
für all das Gute,
das du mir schenkst.
Amen.

Julia Knop

Dafür möchte ich Gott Danke sagen:

....

....

....

Quellenverzeichnis

Sämtliche Bibelzitate sind entnommen aus der Einheitsübersetzung der Heiligen Schrift, vollständig durchgesehene und überarbeitete Ausgabe
© 2016 Katholische Bibelanstalt, Stuttgart. Alle Rechte vorbehalten.

Ilona Einwohlt,
Meine Mag-ich-Liste zum Ankreuzen und Ergänzen, aus: Das glaub ich! So bin ich! Das Mitmachbuch über mich, mein Leben und Gott
© Verlag Herder GmbH, Freiburg im Breisgau 2016.

Petra Focke/Hermann Josef Lücker, Du bist das Original, aus: Feuer und Flamme. Gebete junger Menschen
© Verlag Herder GmbH, Freiburg im Breisgau 2011.

Frank Hartmann,
Gott, der fantasievolle Erfinder des Lebens, aus: Zur Konfirmation
© Verlag Herder GmbH, Freiburg im Breisgau 2014.

Frank Hartmann,
Liebe umgebe dich wie Luft, die du atmest, aus: Viel Glück und viel Segen zur Erstkommunion
© Verlag Herder GmbH, Freiburg im Breisgau 2016.

Julia Knop,
Heute könnte ich platzen, aus: Fröhlich oder traurig – Du bist bei mir, lieber Gott. Kindergebete für jeden Anlass
© Verlag Herder GmbH, Freiburg im Breisgau 2012.

Kerstin und Marcus C. Leitschuh, Brot und Wein, aus: Meine Erstkommunion. Gebete von Kindern für Kinder
© Verlag Herder GmbH, Freiburg im Breisgau 2016.

© Verlag Herder GmbH, Freiburg im Breisgau 2024
Alle Rechte vorbehalten
www.herder.de

Gesamtgestaltung: Irmi Riedl, Dresden
Druck: Graspo, Zlín
Printed in the Czech Republic

Gedruckt auf umweltfreundlichem, chlorfrei gebleichtem Papier

ISBN 978-3-451-71712-3